THIS BOOK BELONGS TO:

- - - - - - - - - - - - - - - - - - - -

- - - - - - - - - - - - - - - - - - - -

Thank you for buying this book

Your satisfaction means a lot to us!
Please let us know how we are doing
by having us a review on Amazon

Your feedback really help us
Thank you !

Book Content

Coloring Pages with Duas
Manners of Fasting
Sunnahs of Eid ul fitr
Word Search
Mazes
Word Scramble
Crossword
Cut and Paste
Find The Difference
I spy & Count
Sudoku With Solutions

RAMADAN

Ramadan Starts Tomorrow

Dua For Breaking of the Fast

ذَهَبَ الظَّمَأُ وَابْتَلَّتِ الْعُرُوقُ، وَثَبَتَ الْأَجْرُ إِنْ شَاءَ اللَّه

The thirst has gone and the veins are moist, and reward is assured, if Allah wills

Ramadan is About Sharing

Dua For Laylatul Qadr in Ramadan

اللهمَّ إنَّك عفَو تحبُّ العفوَ فاعفُ عني

Laylat-ul-Qadr (the Night of Power) is the greatest night of the year! It can occur on any of the last 5 odd nights of Ramadan, including: the 21st, 23rd, 25th, 27th, or 29th night. Make sure you make this du'a on all these odd nights!

Oh Allah, you are most forgiving, and You love forgiveness, so forgive us

Wake up early for Suhoor!

Don't Wake Up at the Last Minute!

Manners of Fasting - Part 3

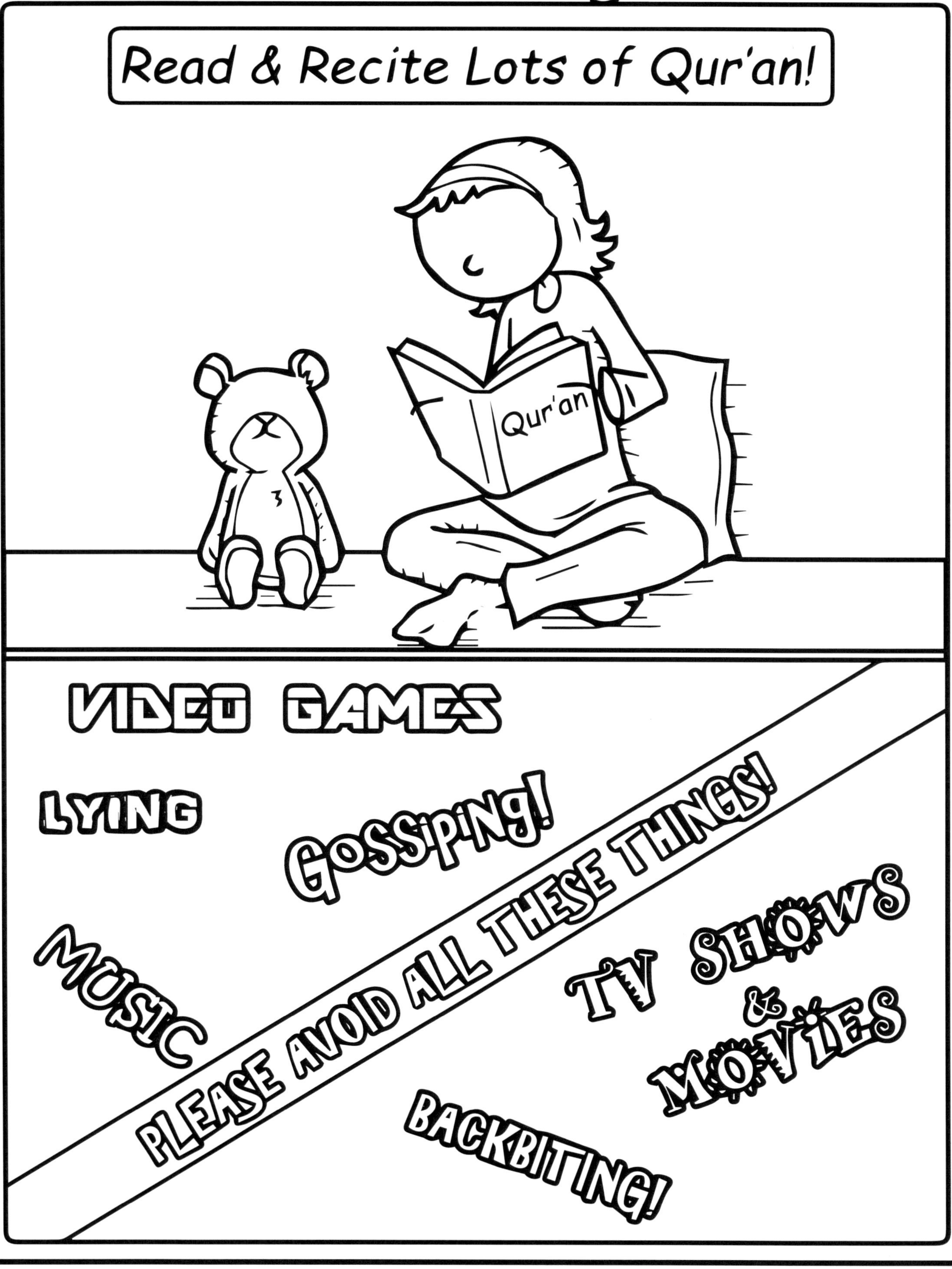

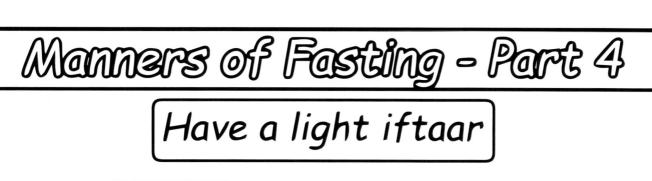

Sunnahs of 'Eid ul Fitr - The Takbeeraat!

Begin reciting these words on the evening before Eid-ul-fitr till the time the imam comes on the mimbar to give the 'Eid khutbah!

اللهُ أَكْبَر اللهُ أَكْبَر اللهُ أَكْبَر لا إِلَهَ اِلَّا الله اللهُ أَكْبَر اللهُ اكْبَر وَ لِلَّهِ الْحَمْدَ

Allah is the Greatest, Allah is the Greatest,

Allah is the Greatest!

There is no God worthy of worship besides Allah,

Allah is the Greatest, Allah is the Greatest,

All Praise belongs to Allah!

Sunnahs of 'Eid ul Fitr
Do These Before You Go For 'Eid Prayers!

1. Make Ghusl

It's good to make ghusl (take a bath) before going to 'Eid prayers!

2. Wear Your Best Clothes

Wear new clothes, or your very best clothes!

3. Eat Dates!

Eat an odd number of dates, e.g. 1, 3, 5, etc!

Sunnahs of 'Eid ul Fitr - Walk to 'Eid Prayers!

Try to walk to 'Eid prayers if you can! On the way, keep reciting the 'Eid Takbeerat:

اللهُ أكْبَر اللهُ أكْبَر اللهُ أكْبَر لا إِلَهَ الا اللهُ اللهُ أكْبَر اللهُ اكْبَر وَ لِلّهِ الْحَمْدَ

Remember Kids!
When you go for 'Eid prayers, take one route for going and another route for returning home.

'Eid Prayers This Way!

Allah is the Greatest, Allah is the Greatest, Allah is the Greatest; There is no God worthy of worship besides Allah, Allah is the Greatest, Allah is the Greatest, All Praise belongs to Allah!

Sunnahs of 'Eid - The 'Eid Prayer!

Next its time for the 'Eid prayer. The 'Eid prayer can be held anytime after sunrise and before noon.

There is a khutbah after the prayer. Make sure to listen to the khutbah!

PROPHETS IN ISLAM WORD SEARCH

I	K	M	R	L	O	F	F	E	Y	O	M	D	Q	V	H	F
Q	P	Z	E	I	X	H	Q	D	A	U	H	P	Q	I	P	U
R	A	Y	I	R	A	K	A	Z	Z	U	N	X	N	V	F	S
F	V	S	A	L	X	L	Z	F	L	V	F	U	M	J	S	U
B	P	F	L	P	A	M	T	K	O	H	M	M	S	S	B	Y
O	Q	J	I	L	B	M	I	R	L	M	O	E	E	A	O	T
Z	I	H	Y	P	P	F	Z	S	T	U	P	O	Q	D	C	W
Q	I	A	N	J	L	R	X	M	M	H	F	A	S	U	M	F
V	S	A	C	D	P	M	C	R	I	A	D	I	A	W	C	B
A	P	F	L	P	M	L	A	V	W	M	D	F	K	Z	M	U
B	T	X	D	J	C	W	S	D	T	M	S	V	M	J	M	U
H	O	J	K	M	H	W	J	A	A	A	R	P	U	L	L	G
H	A	R	U	N	U	J	P	F	F	D	E	T	F	I	S	A
A	B	I	A	U	H	S	P	Z	R	T	D	E	A	A	P	Z
X	G	S	C	G	D	L	M	V	S	A	I	L	I	M	A	E
B	H	F	W	U	L	X	D	U	Z	N	S	S	R	S	T	L
H	L	O	G	G	Q	R	T	G	V	O	A	Q	F	I	H	S

Adam	Ismail	Yusuf
Alyasa	Muhammad	Zakariya
Dhulkifl	Musa	
Harun	Shuaib	
Ilias	Yunus	

PROPHETS IN ISLAM WORD SEARCH

H	W	W	B	A	E	W	G	N	Q	H	C	B	N	W	P	E
V	D	U	W	A	D	Q	Z	U	U	T	U	A	T	M	M	V
A	C	S	U	S	B	M	T	H	D	C	M	D	O	K	J	W
M	S	W	T	A	G	G	S	T	R	Y	U	T	G	Q	F	J
T	Z	S	G	D	D	C	I	T	A	P	T	G	W	N	X	A
S	N	I	P	C	Z	V	P	L	E	V	Q	Q	W	B	L	L
D	E	M	Z	B	K	O	U	J	B	D	S	L	K	U	G	R
Q	I	L	A	O	E	S	A	E	F	S	S	A	Z	Q	U	E
N	X	D	H	S	P	J	I	C	C	B	Y	F	E	A	P	S
G	N	N	W	Z	S	A	L	I	H	H	A	V	F	Y	I	P
B	X	M	N	Q	A	M	P	X	A	O	L	S	L	A	B	L
Z	X	K	A	O	J	U	C	Y	S	I	R	D	I	K	R	A
B	I	H	J	H	V	C	R	A	S	I	M	C	J	S	A	E
K	S	C	H	W	S	F	V	K	W	Z	O	X	L	R	H	R
I	J	L	Z	I	C	A	Y	Y	U	B	T	I	E	G	I	U
B	E	L	V	Q	H	E	I	B	S	V	O	E	R	Z	M	K
K	R	W	O	Q	E	P	O	J	Q	B	H	D	H	E	K	B

Ayyub	**Isa**	**Yahya**
Dawud	**Ishaq**	**Yaqub**
Hud	**Nuh**	
Ibrahim	**Salih**	
Idris	**Sulayman**	

PILLARS OF ISLAM WORD SEARCH

X	C	L	Z	R	W	G	C	T	V	K	W	Z	S	O	X	L
R	R	Q	S	T	T	C	G	C	T	I	E	R	G	J	K	F
T	I	Z	A	P	D	E	G	S	R	D	A	G	P	M	C	T
L	G	K	G	W	E	D	H	V	H	L	B	T	D	N	O	A
N	A	V	R	I	S	X	N	P	L	A	T	X	V	I	H	L
Z	Q	V	E	W	E	K	H	I	O	P	H	Z	A	G	K	A
V	A	T	H	V	K	F	P	F	F	R	H	A	O	C	G	S
Q	B	B	L	X	E	I	Z	T	D	A	P	V	D	J	H	E
T	B	E	V	O	F	L	R	A	R	Y	K	K	A	A	U	H
Z	K	F	X	H	R	Z	I	A	R	Q	M	P	N	E	H	R
X	E	A	Z	B	L	L	Z	E	N	Z	U	N	C	T	O	R
K	V	A	L	T	O	E	E	E	B	O	V	Q	V	H	X	P
F	A	S	T	I	N	G	Z	E	N	A	D	A	M	A	R	I
X	H	Z	M	C	M	U	Z	G	U	J	R	X	N	J	M	F
I	N	E	D	L	B	A	L	C	X	E	V	I	F	J	H	B
O	E	G	F	S	U	P	M	W	A	S	S	Q	P	A	R	A
H	M	I	L	S	U	M	J	N	T	R	D	M	X	H	F	Q

beileve   kiran   ramadan

fasting   muslim   salat

five   pillars   sawm

hajj   pray   shahadah

kalima   prophet   zakat

RAMADAN WORD SEARCH

D	L	X	C	Z	E	M	F	D	U	L	J	F	W	F	T	L
W	V	E	O	X	F	G	M	R	F	W	A	R	U	L	X	U
D	H	A	E	W	A	R	A	T	B	M	E	A	N	S	S	K
S	V	H	I	W	A	R	A	T	I	Y	M	Z	I	Q	X	K
X	B	D	F	U	E	P	Z	L	A	T	L	U	X	F	W	A
Z	C	J	Y	I	L	S	Y	R	L	C	H	T	B	B	R	W
G	R	J	D	T	M	L	P	A	L	E	R	N	Z	X	G	A
E	L	G	D	L	I	A	L	T	E	R	O	O	H	U	S	T
B	Q	W	F	C	T	R	G	W	V	K	V	Z	F	O	R	W
P	L	N	R	U	I	B	A	H	T	E	K	S	V	W	K	Z
C	W	A	N	C	D	R	I	H	R	P	R	A	X	N	V	G
G	W	E	N	D	A	T	B	F	C	I	T	O	P	R	O	G
F	A	S	T	T	Z	F	A	J	O	F	B	O	E	A	D	N
N	S	T	Z	J	E	F	W	X	M	Q	E	B	A	A	N	L
L	E	O	V	Z	O	R	H	H	A	D	A	B	I	T	X	X
X	R	S	N	I	P	C	N	B	V	P	A	V	B	F	J	P
F	F	I	N	O	O	M	I	N	S	A	L	X	L	I	A	F

charity	iftaar	suhoor
eid	lantern	taraweah
family	maghrib	taraweeh
fast	moon	tarawih
ibadah	prayer	tawakkul

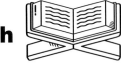

RAMADAN WORD SEARCH

W	R	B	K	G	E	D	Q	R	O	I	U	B	J	G	E	F
T	T	F	K	R	U	D	P	E	L	V	I	G	V	I	Z	S
F	Z	H	H	A	D	A	H	A	H	S	T	O	F	J	H	G
M	W	B	S	F	G	L	H	F	M	A	W	X	L	A	P	E
U	Z	N	K	L	K	M	T	I	K	X	I	H	H	X	W	B
A	I	P	O	Q	D	C	L	A	W	P	E	A	W	Q	Z	U
V	V	M	M	O	D	L	Z	L	E	J	D	E	K	V	N	I
V	A	W	C	U	A	N	D	L	N	A	L	S	I	A	O	C
D	K	X	M	H	O	J	E	U	M	Q	K	O	A	A	E	Q
S	K	F	K	E	M	A	H	S	I	D	N	M	Q	R	M	E
E	I	D	A	L	F	I	T	R	F	X	I	P	F	O	L	F
U	H	S	U	R	A	H	A	L	F	A	T	I	H	A	H	G
A	A	S	L	R	B	A	S	E	J	Q	Z	N	Z	Q	S	C
E	Z	R	A	M	A	D	A	N	W	B	U	N	A	W	A	A
H	A	L	I	L	U	D	M	A	H	L	A	X	U	B	S	F
R	S	X	O	A	M	W	C	P	A	E	I	D	W	Q	R	D
K	W	M	U	H	A	M	M	A	D	V	Z	P	L	Q	C	K

alhamdulilah	eid al-fitr	sabr
asr	imaan	shahada
bismillah	isha	shahadah
duas	muhammad	surah al fatihah
eid	ramadan	zakat

RAMADAN WORD SEARCH

M	Q	L	K	H	S	E	J	B	B	P	D	V	W	U	M	S
Q	V	N	C	H	H	M	G	K	P	T	X	L	S	S	E	H
O	Z	T	D	F	U	U	W	L	M	Z	L	D	M	K	U	A
O	P	P	U	S	F	M	I	K	W	F	Q	U	H	P	L	R
W	M	A	L	G	M	D	A	H	I	J	Q	N	T	W	U	I
F	F	I	L	Z	W	M	J	K	O	C	H	M	G	Z	V	A
N	M	M	Q	G	L	E	F	P	T	H	U	O	J	A	E	W
G	X	L	K	O	Q	C	I	A	H	A	B	A	K	X	R	A
R	B	M	W	N	G	C	W	G	W	D	U	L	E	M	A	R
O	Z	A	K	W	K	A	X	D	L	I	A	Z	V	B	I	U
D	N	S	D	D	F	H	F	L	W	T	W	D	F	L	S	Q
A	F	J	W	W	K	N	A	O	X	H	D	B	U	B	L	U
H	D	I	Z	V	Z	Q	U	R	A	N	G	M	W	N	A	P
C	R	D	S	T	A	L	A	S	N	S	R	F	X	F	M	C
E	J	C	V	O	F	A	A	S	B	A	R	U	H	Q	A	F
T	A	A	K	A	Z	I	W	G	H	U	I	Z	O	I	L	X
H	L	U	H	J	S	U	B	G	C	O	J	R	I	D	P	L

chador   masjid   sharia

hadith   mecca   tawaf

islam   muslim   ulema

jihad   quran   umrah

kabah   salat   zakaat

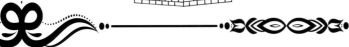

PROPHETS IN ISLAM WORD SEARCH (Solution)

							Y		D				F
							U	H					F
	A	Y	I	R	A	K	A	Z	U				S
			A			K		L		U			U
			L		I			M			S		Y
		Y		F				U					
	A		L					H		A	S	U	M
	S			M				A					
A					A			M					
					D			M					
				A				A				L	
H	A	R	U	N				D				I	
B	I	A	U	H	S							A	
							S	A	I	L	I	M	
													S
													I

Adam   **Ismail**   **Yusuf**

Alyasa   **Muhammad**   **Zakariya**

Dhulkifl   **Musa**

Harun   **Shuaib**

Ilias   **Yunus**

PROPHETS IN ISLAM WORD SEARCH (Solution)

							N		H			N		
	D	U	W	A	D		U		U	A	D			
							H		M	D				
							Y							
						A								
					L					B				
				U						U				
			S					A		Q				
						Y			A					
		S	A	L	I	H	H		Y	I				
	Q				A					B				
	A		Y	S	I	R	D	I		R				
	H		A	S	I					A				
S										H				
I		A	Y	Y	U	B				I				
										M				

Ayyub	Isa	Yahya
Dawud	Ishaq	Yaqub
Hud	Nuh	
Ibrahim	Salih	
Idris	Sulayman	

PILLARS OF ISLAM WORD SEARCH

											S			
			T	T							R			
		A			E		S			A				T
		K				H		H	L					A
		A						P	L	A				L
Z			E					I	O	P	H			A
			V	K			P			R	A			S
				E	I					A	P		D	
				L	R					Y			A	
		K			I	A							H	
		A				E	N							
			L				B							
F	A	S	T	I	N	G		N	A	D	A	M	A	R
				M									J	
				A					E	V	I	F	J	
				M	W	A	S						A	
	M	I	L	S	U	M							H	

beileve	kiran	ramadan
fasting	muslim	salat
five	pillars	sawm
hajj	pray	shahadah
kalima	prophet	zakat

RAMADAN WORD SEARCH

												F			L
										A		R			U
	H	A	E	W	A	R	A	T		M	E				K
		H	I	W	A	R	A	T	I	Y					K
				E				L	A						A
		Y	I				Y	R		H					W
		D	T	M			P			E					A
				I	A			E	R	O	O	H	U	S	T
					R	G	W								
	L					A	H								
		A			R		H	R							
			N		A			C	I					R	
F	A	S	T	T					B					A	
					E									A	
					R		H	A	D	A	B	I		T	
						N								F	
			N	O	O	M								I	

charity	iftaar	suhoor
eid	lantern	taraweah
family	maghrib	taraweeh
fast	moon	tarawih
ibadah	prayer	tawakkul

RAMADAN WORD SEARCH

					D					B				
			U						I					S
		H	A	D	A	H	A	H	S	T			H	
		S				M	A				A			
				I	K				H					
			L	A				A						
			L	Z			D				N			
		A				A				A				
		H						A						
			A	H	S	I		M						
E	I	D	A	L	F	I	T	R		I				
	S	U	R	A	H	A	L	F	A	T	I	H	A	H
		R	B	A	S									
	R	A	M	A	D	A	N						A	
H	A	L	I	L	U	D	M	A	H	L	A		S	
						E	I	D					R	
	M	U	H	A	M	M	A	D						

alhamdulilah	eid al-fitr	sabr
asr	imaan	shahada
bismillah	isha	shahadah
duas	muhammad	surah al fatihah
eid	ramadan	zakat

RAMADAN WORD SEARCH

															S
				M											H
			U												A
		S													R
	L			D	A	H	I	J						I
	I		M											A
M			E			T		H						
			C		A	H	A	B	A	K				
R	M		C	W			D	U	L	E	M	A	
O	A		C	A			I					A	
D	S		F				T					S	
A	J						H			U		L	
H	I		Q	U	R	A	N		M		A	
C	D	T	A	L	A	S		R			M	
								A					
T	A	A	K	A	Z			H					

chador   masjid   sharia
hadith   mecca   tawaf
islam   muslim   ulema
jihad   quran   umrah
kabah   salat   zakaat

Help The Boy To Find The Way To The Kaaba

Help The Boy To Find The Way To The Mosque

Help The Boy To Find The Way To The Quran

Help Kareem and Leila find their way to the mosque

Help Maryam Find The Way To Masjid Nabawi

SOLUTIONS

EXTRA DIFFICULT MAZE

MAZE - 1

MAZE - 2

MAZE - 3

SOLUTIONS

MAZE - 1

MAZE - 2

MAZE - 3

Find The Difference

Color or circle the elements that differ

Good Luck

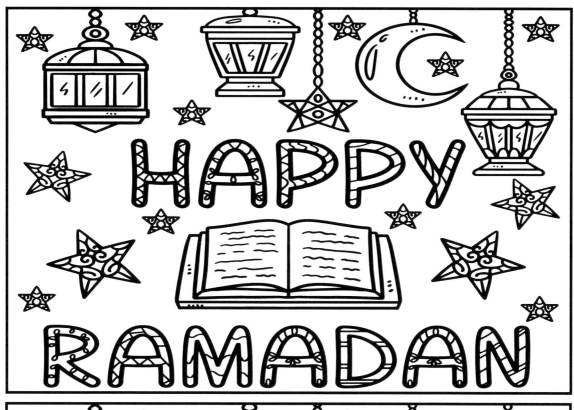

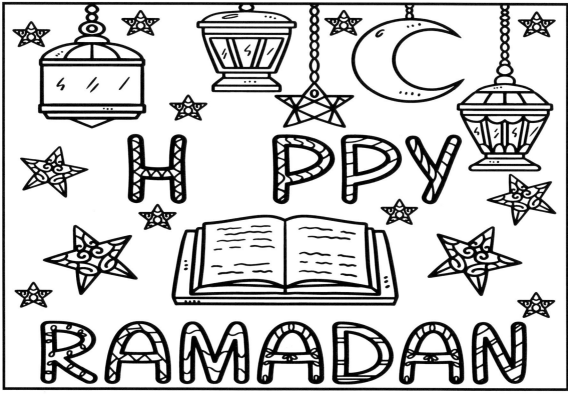

Find The Difference

Color or circle the elements that differ

Good Luck

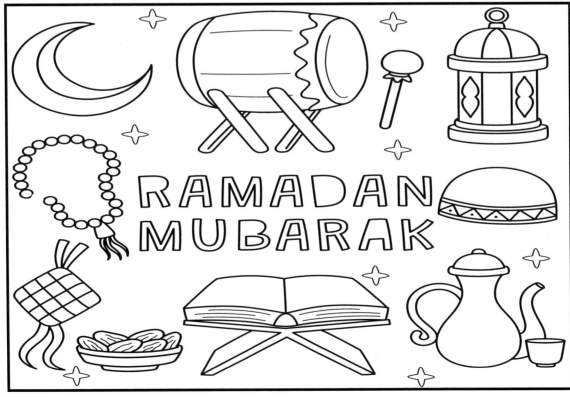

Find The Difference

Color or circle the elements that differ
Good Luck

Find The Difference
Color or circle the elements that differ
Good Luck

What picture comes Next ?

 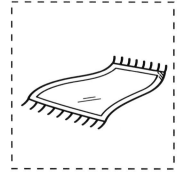 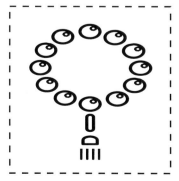

Cut and paste the right answer

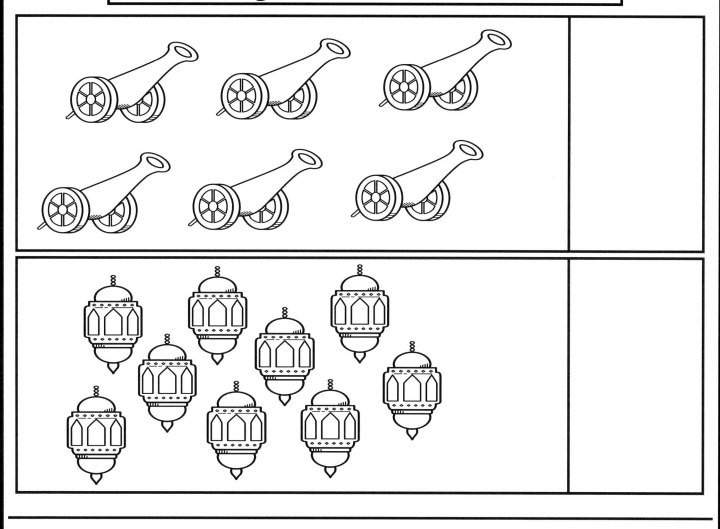

8 4 7 6 9

Cut and paste pictures that match shadows

Cut and paste pictures that match shadows

Cut and paste the right answer

8   4   5   6   9

What picture comes Next ?

I spy & Count it

I spy & Count it

   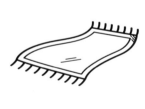

1- Cut The Letters

2-Place it in the right place

3-Form the word. RAMADAN

A D A N

R A M

#PUZZLE 1

RAMADAN VOCABULARY

1-UAQNR . _ _ _ _ _ _ _ _ _ _ _ .

2-JAFR _ _ _ _ _ _ _ _ _ _ _ _ _ .

3-LALAH . _ _ _ _ _ _ _ _ _ _ _ .

4-MLSAI . _ _ _ _ _ _ _ _ _ _ .

5-MSMIUL. _ _ _ _ _ _ _ _ _ _ .

6-JDASAJA _ _ _ _ _ _ _ _ _ _

7-SOONFA. _ _ _ _ _ _ _ _ _ _ _ .

8-EID _ _ _ _ _ _ _ _ _ _ _ _ .

9-TNIASGF _ _ _ _ _ _ _ _ _ _ _

10-SBINEENAT.C _ _ _ _ _ _ _ _ _ _ _

#PUZZLE 2

RAMADAN VOCABULARY

MLSAI _____

GMRABHI _____

TIRF _____

JAFR _____

BKAAMRU _____

KZATA _____

UAQNR _____

HAIBAD _____

HARYITC _____

NARDAMA _____

#PUZZLE 1

RAMADAN VOCABULARY

1-UAQNR QURAN _ _ _ _ _ _ _ _

2-JAFR FAJR _ _ _ _ _ _ _

3-LALAH ALLAH _ _ _ _ _ _ _

4-MLSAI ISLAM _ _ _ _ _ _ _

5-MSMIUL MUSLIM _ _ _ _ _ _ _

6-JDASAJA SAJJADA _ _ _ _ _ _ _

7-SOONFA FANOOS _ _ _ _ _ _ _

8-EID EID _ _ _ _ _ _

9-TNIASGF FASTING _ _ _ _ _ _ _ _

10-SBINEENATC ABSTINENCE _ _ _ _ _ _

#PUZZLE 2

RAMADAN VOCABULARY

MLSAI   _ _ _ ISLAM _ _ _ _ _ _ _

GMRABHI   _ _ _ MAGHRB _ _ _ _ _

TIRF   _ _ _ FITR _ _ _ _ _ _

JAFR   _ _ _ FAJR _ _ _ _ _

BKAAMRU   _ _ _ MUBARAK _ _ _ _

KZATA   _ _ _ ZAKAT _ _ _ _ _ _

UAQNR   _ _ _ QURAN _ _ _ _ _

HAIBAD   _ _ _ IBADAH _ _ _ _ _

HARYITC   _ _ CHARITY _ _ _ _ _

NARDAMA   _ _ RAMADAN _ _ _ _ _

Five Pillars Of Islam Crossword 1

Across

1. Fasting during the month of ramadam

5. The islamic church

8. God is great

9. Giving 2.5% of your earnings to charity

10. A holy pilgrimage

Down

2. (Declaration of faith) - Trusting and understanding the words of the Shahadah. "There is no god but Allah, and Prophet Muhammad (SAW) is the final messenger."

3. The final prophet

4. The one and only god

6. Praying five times a day

7. The method of washing before prayer

Five Pillars Of Islam Crossword 1

Crossword grid:

- 1 Across: S A W M
- 2 Down: T H E S H A H A D A
- 3 Down: M O H A M M A D
- 4 Down: A L L A H
- 5 Across: M O S Q U E
- 6 Down: S A A L A H
- 7 Down: W U D U
- 8 Across: A L L A H U A K B A R
- 9 Across: Z A K A T
- 10 Across: H A J J

Across

1. Fasting during the month of ramadam

5. The islamic church

8. God is great

9. Giving 2.5% of your earnings to charity

10. A holy pilgrimage

Down

2. (Declaration of faith) - Trusting and understanding the words of the Shahadah. "There is no god but Allah, and Prophet Muhammad (SAW) is the final messenger."

3. The final prophet

4. The one and only god

6. Praying five times a day

7. The method of washing before prayer

Ramadan Crossword 2

Across

4. Fourth pillar of Islam

6. Name of festival at the end of Ramadan?

8. Name of the cave where the Quran was first revealed.

9. Ramadan is known as the month of the.....

10. Which month of the Islamic year is Ramadan

11. The purpose of Ramadan is to gain.....

12. Name of charity to be paid before Eid prayers.

Down

1. What is the name of the night prayers?

2. Seclusion in the last ten days of Ramadan.

3. Layla tal qadr...which night of Ramadan is the consensus.

5. Which Surah contains the command to fast?

7. Layla tal Qadr: Night that is better than a ....months.

Ramadan Crossword 2

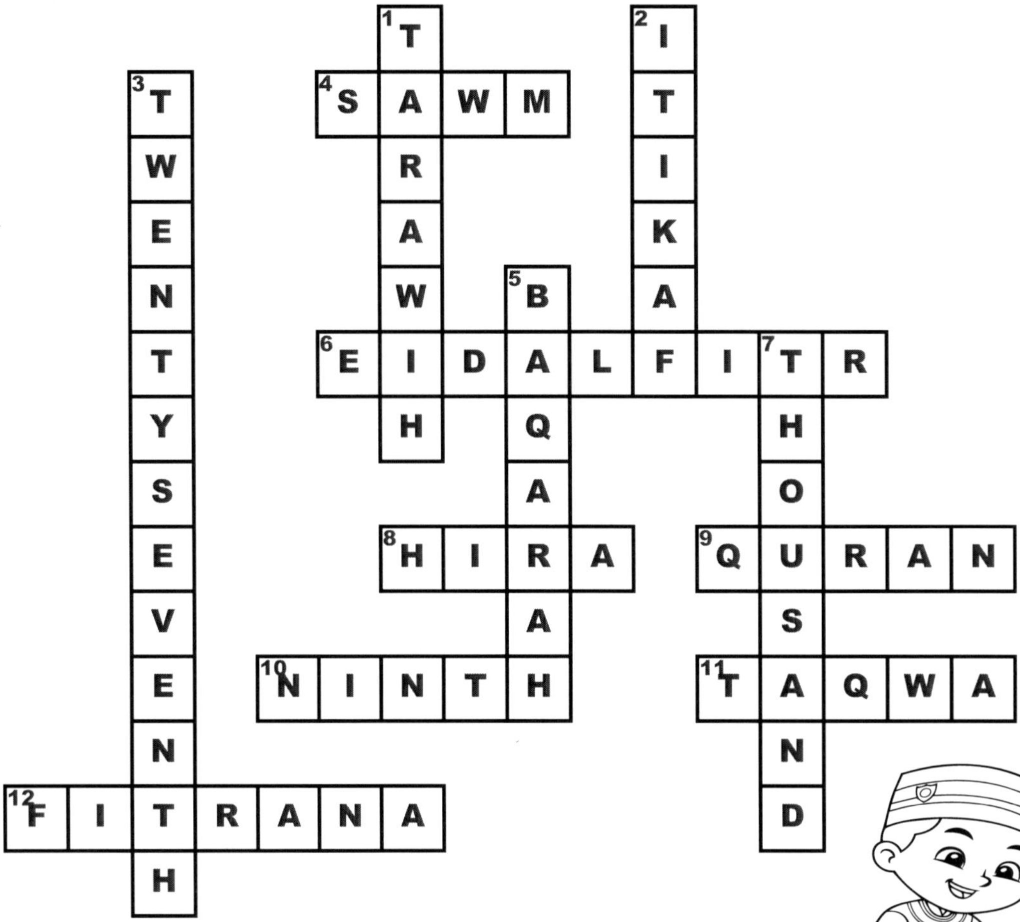

1 TARAWIH
2 ITIKAF
3 TWENTYSEVENTH
4 SAWM
5 BAQARAH
6 EIDALFITR
7 THOUSAND
8 HIRA
9 QURAN
10 NINTH
11 TAQWA
12 FITRANA

Across

4. Fourth pillar of Islam

6. Name of festival at the end of Ramadan?

8. Name of the cave where the Quran was first revealed.

9. Ramadan is known as the month of the.....

10. Which month of the Islamic year is Ramadan

11. The purpose of Ramadan is to gain.....

12. Name of charity to be paid before Eid prayers.

Down

1. What is the name of the night prayers?

2. Seclusion in the last ten days of Ramadan.

3. Layla tal qadr...which night of Ramadan is the consensus.

5. Which Surah contains the command to fast?

7. Layla tal Qadr: Night that is better than a ....months.

Ramadan Crossword 3

Across

4. The Holy Book of Islam

6. During Ramadan, Muslims only eat at ....

8. The time of day Ramadan 2018 starts

9. The length of time Muslims fast

Down

1. The place of worship for Muslims

2. At the end of Ramdan, during the celebration, Muslims exchange .....

3. The Month for Ramadan 2018

5. Fasting is one of the ..... Pillars Of Islam

7. The Calander That Ramadan Appears In

Ramadan Crossword 3

The crossword grid:

- 1 Down: MOSQUE
- 2 Down: GIFTS
- 3 Down: MAY
- 4 Across: QURAN
- 5 Down: FIVE
- 6 Across: NIGHTTIME
- 7 Down: LUNAR
- 8 Across: SUNSET
- 9 Across: MONTH

Across

4. The Holy Book of Islam

6. During Ramadan, Muslims only eat at ....

8. The time of day Ramadan 2018 starts

9. The length of time Muslims fast

Down

1. The place of worship for Muslims

2. At the end of Ramdan, during the celebration, Muslims exchange .....

3. The Month for Ramadan 2018

5. Fasting is one of the ..... Pillars Of Islam

7. The Calander That Ramadan Appears In

Sudoku 1

		4	1
1			2
2	3		
	1	2	

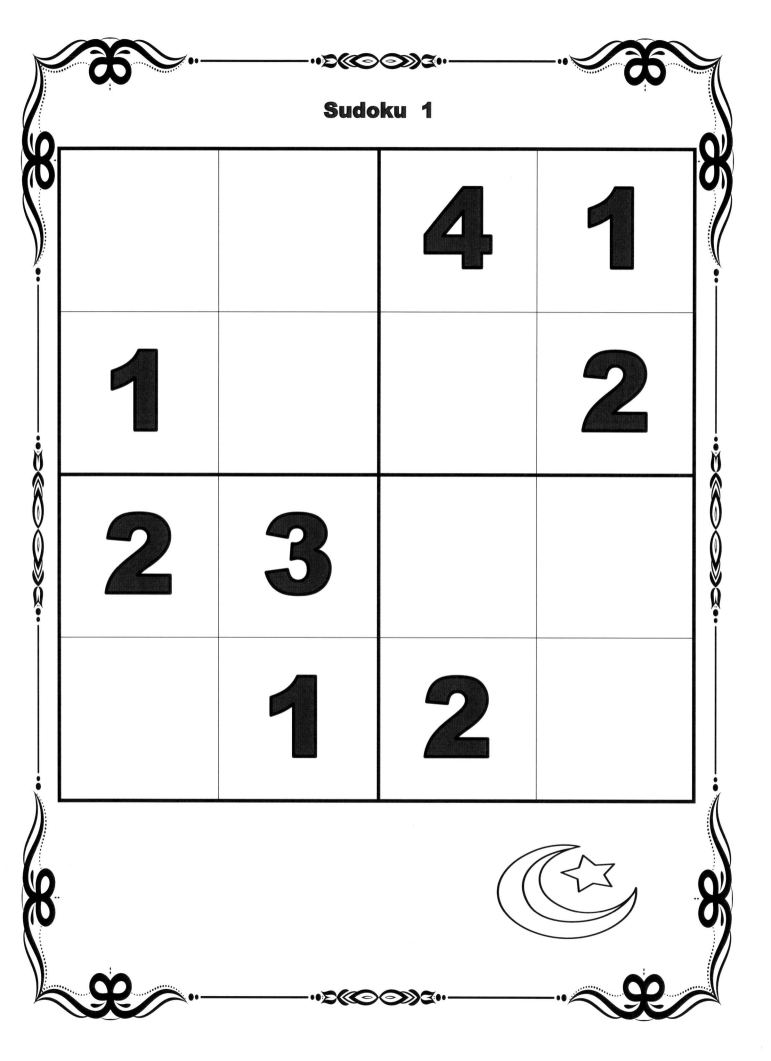

Sudoku 2

Sudoku 3

	2			6	1
6		1	4	2	
3	5				2
	6	2		3	
	1		2	4	
2		6	1		3

Sudoku 4

4		5		1	3
	3	1	6		
6			5	3	
1			4	6	2
	2	4			6
5	1		3		

Sudoku 5

2	1	9	3	5	8			4
3	7	6			4	1	5	8
		8	1	6	7			
	8	3	2			5		7
			4	9	5		1	3
1		5		8	3	4	6	2
	6						4	5
	3	4	5	7	1	9	2	
7	5			4				

Sudoku 6

2	8		4	5	1			
	4		3			8	2	
5	3	7		2	8			
3	7	5		9			6	
6		4				7	9	
8	2	9		7		5		
4	5		7		6	1		
1	9	3		4	5	6	7	2
7	6	8		1	9	3	5	4

Sudoku 1 (Solution)

3	2	4	1
1	4	3	2
2	3	1	4
4	1	2	3

Sudoku 2 (Solution)

2	4	1	3
1	3	4	2
4	2	3	1
3	1	2	4

Sudoku 3(Solution)

4	2	5	3	6	1
6	3	1	4	2	5
3	5	4	6	1	2
1	6	2	5	3	4
5	1	3	2	4	6
2	4	6	1	5	3

Sudoku 4 (Solution)

4	6	5	2	1	3
2	3	1	6	4	5
6	4	2	5	3	1
1	5	3	4	6	2
3	2	4	1	5	6
5	1	6	3	2	4

Sudoku 5(Solution)

2	1	9	3	5	8	6	7	4
3	7	6	9	2	4	1	5	8
5	4	8	1	6	7	2	3	9
4	8	3	2	1	6	5	9	7
6	2	7	4	9	5	8	1	3
1	9	5	7	8	3	4	6	2
9	6	1	8	3	2	7	4	5
8	3	4	5	7	1	9	2	6
7	5	2	6	4	9	3	8	1

Sudoku 6(Solution)

2	8	6	4	5	1	9	3	7
9	4	1	3	6	7	8	2	5
5	3	7	9	2	8	4	1	6
3	7	5	1	9	4	2	6	8
6	1	4	5	8	2	7	9	3
8	2	9	6	7	3	5	4	1
4	5	2	7	3	6	1	8	9
1	9	3	8	4	5	6	7	2
7	6	8	2	1	9	3	5	4

Manufactured by Amazon.ca
Acheson, AB